Le carnet de bord d'Enzo est un message universel écrit sous forme de petites histoires au cours desquelles le personnage Enzo vit diverses aventures. Ces historiettes associent des valeurs fondamentales de la vie à des illustrations simples. Cette association complice fait un petit clin d'oeil au sens moral pour apprendre et apprécier la simplicité de la vie vite oubliée dans notre société moderne. De même, chaque récit encourage l'enfant à découvrir la langue française tout en enrichissant le vocabulaire de sa langue maternelle.

Il me tient à coeur de partager ce concept avec vous, et je vous invite à découvrir l'univers d'Enzo, écrit exclusivement par mon épouse Sonia Colasse, auteur française, illustré par l'artiste anglaise Sarah Bainton et traduit par plusieurs professeurs enseignant dans différents coins du monde.

Enzo's diary is an universal message written in the form of stories in which Enzo, the main character, has various adventures. These short stories join fundamental values to simple illustrations. With a nod towards morality, this original blend enables children to learn and appreciate the simplicity of life, a value too quickly forgotten in our modern society. It also enables them to discover the French language while enriching the vocabulary of their mother tongue.

This concept is very close to my heart and I would like to share with you Enzo's world, a universe created by my wife the French author Sonia Colasse, illustrated by the English artist Sarah Bainton and translated by several language teachers working in various parts of the world.

-Laurent Colasse

Les aventures d'Enzo  The Adventures of Enzo

Enzo et son premier Noël

Enzo's first Christmas

Auteur/Author: Sonia Colasse
Illustratrice/Illustrator: Sarah Bainton
Traducteurs/Translators: Jose Valente & Muriel Treharne

Après une très belle journée de sagesse,
Enzo vient d'apprendre que pour son premier Noël
il ira avec ses parents à Tahiti,
une île polynésienne française du Pacifique.
Là-bas, la mer est turquoise, le soleil brille
et la chaleur est très agréable !

After a day of learning how to be wise,
Enzo has just heard that, for his first Christmas,
he will go to Tahiti with his parents.
Tahiti : a French Polynesian island in the South Pacific,
where the sea is the color of turquoise,
the sun always shining
and the air lovely and warm...

De nouveau dans un avion,
notre bébé Enzo s'endort paisiblement
jusqu'à l'arrivée dans l'île.
L'accueil est magnifique,
des colliers de belles fleurs blanches de bienvenue
attendent notre famille.
Même Enzo, si petit soit-il,
a droit à la fleur de Tiaré autour de son cou.

Once again on a plane,
our baby Enzo sleeps peacefully
until their arrival on the island.
The welcoming ceremony is magnificent
and they are given garlands of beautiful white flowers.
Even Enzo, little as he is,
wears a garland of Tiaré flowers around his neck.

Enzo fait la connaissance de sa nounou.
Elle va s'occuper de lui
pendant que papa et maman
iront à leurs activités réservées aux grands.
Cette douce et gentille nounou s'appelle « Maéva »
ce qui veut dire « bienvenue ».

Enzo meets the nanny who will look after him
while Mom and Dad will go and do their grownups'
things.
This nice, kind nanny is called
"Maeva" which means "Welcome".

Maéva se promène toujours avec une bête à poils bleus.
Accompagnée de son animal le Capricorne,
elle emmène notre ami à la plage tous les après-midis.

Maeva goes everywhere with a blue-haired creature.
She takes our little friend
along with her pet Mister Capricorn
to the beach every afternoon.

Monsieur Capricorne et Enzo deviennent très vite
des compagnons de jeux.
Ils construisent ensemble des châteaux de sable,
jouent au ballon dans l'eau, se font dorer au soleil...
Et nos deux compères terminent leurs après-midis
par une bonne glace à l'eau.

Mister Capricorn and Enzo quickly become
very good friends.
Together, they build sandcastles,
play ball in the water, lay in the sun...
Our friends round off their afternoons with
a delicious popsicle.

Le soir, avant l'arrivée de papa et maman,
notre petit ami prend son bain en présence de sa nounou.
Elle est pour lui une autre mamie
et lui fredonne de sa tendre voix
les chants de l'île suivis de gros calins,
de tendres baisers, de beaucoup d'amour.
Enzo s'endort dans la fourrure
toute chaude et douce de son ami Monsieur Capricorne.

In the evenings, before mom and dad come back,
our little friend takes a bath.
Nanny Maeva is like another grandma for him:
she sings soft island songs
and gives him lots of cuddles and kisses.
Enzo falls asleep in the warm soft fur
of his friend Mister Capricorn.

Le jour du réveillon est enfin arrivé !
Bébé Enzo est habillé tout en rouge,
et porte même un chapeau de Noël.
Enzo trouve que c'est bien calme ce soir
dans la salle de réception
quand tout à coup des cris familiers surgissent !

Christmas Eve is finally here!
Dressed entirely in red,
Baby Enzo wears a Christmas hat on his head.
It seems very quiet in the reception room...
when, all of a sudden, Enzo can hear familiar voices!

Enzo, les larmes aux yeux,
découvre près de papa et maman
tous ses amis venus fêter Noël
auprès de lui !

Enzo, with tears in his eyes,
can see mom, dad and all his friends
who came to spend Christmas with him!

Monsieur Taureau est là tout joyeux,
les jumeaux Ariel et Annabelle applaudissent,
Mademoiselle Cancer a fini par quitter la mer,
le Roi Lion se cache derrière papa pour ne pas effrayer nos
invités, son adorable mamie lui sourit,
Monsieur Scorpion est sur les genoux de maman,
et Monsieur Capricorne dans les bras de nounou Maéva.

Mister Taurus is here, looking very happy,
the twins Ariel and Anabelle clap their hands,
Miss Crab has finally left the sea,
and King Lion hides behind Dad so as not to scare the others.
Enzo's lovely Grandma smiles at him,
Mister Scorpion is on Mom's lap,
and Mister Capricorn is in nanny Maeva's arms.

Toutes les étoiles sont allumées
en cette magnifique nuit de retrouvailles.
En laissant parler son cœur,
notre ami Enzo sait
que sa famille s'est agrandie ce soir.
Il trouve que c'est un très beau Noël :
il n'y a pas plus fabuleux cadeau pour notre bébé Enzo

All the stars are shining tonight
for this wonderful family reunion.
Enzo listens to his heart and knows
that his family has grown larger this evening.
He thinks it is a wonderful Christmas gift:
there is nothing more wonderful for our baby Enzo
than to feel love and friendship all around him.

« Aimez-vous les uns les autres et laissez-vous aimer. »

"Love one another and be loved."

Le premier jour d'Enzo sous l'oeil de Monsieur Taureau

Enzo's first day under the eye of Mr. Taurus

La visite des jumeaux

The twins come to visit

Une journée avec Mademoiselle Cancer

A day with Miss Crab

Un lion pas comme les autres

A different sort of lion

Enzo dans les nuages

Enzo in the clouds

Enzo fait des bêtises

Enzo does something wrong

Enzo adopte un Scorpion

Enzo adopts a Scorpion

Enzo s'ennuie

Enzo gets bored

Enzo et son premier Noël

Enzo's first Christmas

Enzo et le Bonsai

Enzo and the Bonsai

Enzo en pleine nature

Enzo in the wild

Bébé Enzo et le bébé Agneau

Baby Enzo and the little lamb

Coloriages
Coloring

 www.soloinfinity.com

 facebook.com/soloinfinity.8

 twitter.com/soloinfinity

24840799R10019

Made in the USA
Charleston, SC
07 December 2013